LÉGALITÉ
DE LA CHASSE AU VOL

PAR

GASTON DE SAINT-MARC

EXTRAIT DE LA REVUE BRITANNIQUE

Numéro de septembre 1899.

PARIS

BUREAUX DE LA REVUE BRITANNIQUE

71, RUE DE LA VICTOIRE, 71

1899

LÉGALITÉ
DE LA CHASSE AU VOL

PAR

GASTON DE SAINT-MARC

EXTRAIT DE LA REVUE BRITANNIQUE

Numéro de septembre 1899.

PARIS

BUREAUX DE LA REVUE BRITANNIQUE

71, RUE DE LA VICTOIRE, 71

1899

LÉGALITÉ
DE LA CHASSE AU VOL

Depuis bien des années déjà, fréquentes et pitoyables sont les doléances des chasseurs au fusil, et, de jour en jour, leur plainte hausse de ton : plus de gibier, trop de chasseurs ! Peu à peu enfin, le dégoût les prend de dépenser souvent en vain leur inutile ardeur.

Les plus fortunés se consolent par la chasse à courre ; les habiles se sont mis (en nombre restreint, il est vrai) à chercher des compensations dans la *chasse au vol*.

La chasse au vol ou fauconnerie, en effet, après avoir été si longtemps délaissée, qu'on la croyait un art et un passe-temps à jamais perdus, a retrouvé depuis une trentaine d'années de fervents et enthousiastes adeptes qui recommencent à dresser des oiseaux.

En Angleterre, en France et en Russie, ils ont démontré que, de nos jours, le faucon n'est point un oiseau antédiluvien et qu'il peut reprendre, près des véritables chasseurs, le rôle prépondérant qui lui était assigné et reconnu jadis dans les plaisirs préférés de nos ancêtres.

Un certain nombre d'ouvrages modernes émanant d'auteurs et de praticiens compétents, donnent la théorie exacte des préceptes et des règles de l'ancienne chasse au vol, et prouvent que, sans frais considérables, on peut encore, de nos jours, monter des équipages de haute et de basse volerie.

Néanmoins, devant ce mode de chasse aujourd'hui si peu répandu en Europe, la plupart des disciples de saint Hubert hésitent, car, pour eux, la loi est un épouvantail qui les arrête ; la crainte du gendarme et du garde champêtre enfin paralyse leurs timides tentatives et retarde d'autant la restauration effective de la fauconnerie.

Que leurs appréhensions et leurs consciences se calment, car en chassant avec le faucon, l'autour, l'épervier ou l'émerillon, ils n'ont rien à redouter de l'autorité et de ses représentants.

En présence des hésitations que je viens de signaler, il m'a paru utile d'étudier cette question aussi neuve qu'intéressante de la *légalité de la fauconnerie*, et je crois l'avoir résolue dans le sens favorable à la libre action des chasseurs.

J'espère donc que la lecture de ce travail, basé sur l'application et l'interprétation du droit le plus strict, contribuera à lever les derniers scrupules de ceux qui attendent, pour se livrer au plaisir de la *chasse au vol*, d'avoir la certitude absolue de n'être point inquiétés dans son exercice.

La chasse au vol est-elle licite en France, sous l'empire de la loi du 3 mai 1844 et de celle du 22 janvier 1874?

Telle est la question que je me propose d'étudier, en lui donnant tout le développement qu'elle comporte.

Avant d'aborder l'examen du problème juridique posé, il est utile de déterminer ce qu'on entend par *fauconnerie* ou *chasse au vol*, ce qu'elle fut jadis et ce qu'elle est de nos jours. Il conviendra ensuite d'établir que, si ce sport ne jouit pas à notre époque de la haute faveur qui lui était autrefois accordée, il est cependant aussi pratique maintenant qu'au moyen âge. Il a même gagné, en ce sens qu'on ne le considère plus comme un noble et important privilège, et qu'on ne se plaît point, comme jadis, à l'entourer de difficultés et de mystères pour le rendre inaccessible au plus grand nombre. Le *dressage* des oiseaux de proie est en effet fort simple par lui-même, et il ne faut point s'en exagérer les difficultés. De la patience, beaucoup de douceur, des soins bien entendus de la part du fauconnier, suffisent presque toujours à surmonter les instincts sauvages de l'oiseau chasseur, à assouplir son caractère, et à obtenir de lui la dépendance et la soumission requises pour en faire un sujet de bon travail.

La *fauconnerie* est l'art de *dresser* ou *affaiter* et de *gouverner* les oiseaux de proie pour la chasse.

Les vrais *faucons*, les *autours* et les *éperviers* sont les chasseurs par excellence, avec lesquels on peut capturer lièvres, lapins, perdreaux, cailles, etc. (1).

Les oiseaux de proie en usage pour la chasse au vol se divisent donc en deux classes : les *faucons* et les *autours*.

Les premiers, munis d'ailes longues et étroites, au vol rapide et énergique, s'élèvent sans effort contre le vent et peuvent déjouer toutes les feintes de leur victime, qui rarement d'ailleurs réussit à leur échapper par la seule ressource de la fuite. Les espèces de ce genre qu'on rencontre aujourd'hui le plus communément, sont : le *gerfaut*, le *pèlerin*, le *hobereau*, l'*émerillon* et la *crécerelle*.

Les *autours*, au contraire, à l'aile courte et arrondie, ont un vol raide et rapide, mais d'assez courte portée. Ils excellent surtout à saisir leur proie, même au milieu des branches et des fourrés ; mais ils ne la poursuivent jamais loin. S'ils ne réussissent pas à s'en emparer presque au départ, ils retournent vers leur maître ou vont se brancher non loin de là sur un arbre ou sur un buisson. Ce genre est représenté en Europe par deux espèces, l'*autour commun* et l'*épervier*.

Les *faucons* sont dits *oiseaux de haut vol* ou *oiseaux de leurre* parce qu'on les rappelle du haut des airs à l'aide du *leurre*, ou représentation de la proie qu'ils doivent chasser.

Les *autours* sont dits *oiseaux de poing* ou de *bas vol*, parce que, volant d'ailleurs communément à une très petite hauteur, ils attendent, portés sur le poing de leur maître, le départ de leur proie pour s'élancer à sa poursuite dans un effort impétueux (2).

---

(1) On peut encore dire que la fauconnerie est l'art d'affaiter ou de dresser à la chasse les *faucons* proprement dits ; et qu'on entend par *autourserie* l'ensemble des règles qui président au dressage, à l'usage et à l'entretien des *autours* et *éperviers*.

(2) Cette division n'est pas absolue. Il est des cas, en effet, où les faucons ont à voler comme oiseaux de poing, c'est-à-dire où ils entreprennent leur proie, en partant du poing, au lever du gibier que fait fuir le faucon-

Bien que les *aigles* soient peu utilisés en fauconnerie, avec l'*aigle doré* cependant on peut prendre lièvres, renards et jeunes loups, ainsi que l'écrivait à mon père M. de Haller en janvier 1888 (1).

On dresse encore l'aigle Bonelli à capturer les lapins sous bois.

Les faucons pèlerins, laniers, etc., volent depuis les perdreaux, canards, oies, pigeons, corneilles, geais, pies, lapins, lièvres, jusqu'à la gazelle, comme cela se pratique encore aujourd'hui en Tunisie, en Egypte, en Algérie et en Perse.

L'émerillon, miniature du faucon, vole l'alouette, le pigeon, le merle, la caille, etc.

Le hobereau vole les alouettes et autres oisillons.

L'*autour* peut voler le lièvre, le lapin et aussi le canard, le courlis, la corneille, le faisan, la pie, la huppe, le perdreau, etc.

Avec l'épervier, on peut capturer le perdreau, la caille, la grive, le merle, l'alouette, la pie et tous les petits oiseaux.

La fauconnerie, qui remonte à la plus haute antiquité, « a eu ses maîtres parmi les princes et ses adeptes parmi les rois »; dans le vieux monde, les Anglais, les Allemands, les Russes et les Hollandais ont conservé les traditions de cet art si apprécié de nos ancêtres, et en France ce beau sport recommence à être pratiqué par certains amateurs. Leurs essais heureux peuvent même faire espérer que nous verrons bientôt de nouveaux adeptes s'adonner près de nous à ce charmant passe-temps, auquel les plus modestes sportsmen peuvent se livrer avec succès.

Nous ne tenterons point de faire ici l'histoire de la fauconnerie depuis son origine; nous nous bornerons à rappeler ce qu'elle fut depuis le règne de Louis XV jusqu'à notre époque, afin de démontrer tout le parti que l'on peut en tirer comme exercice cynégétique. Sa pratique pourra, en effet, devenir un jour une bien précieuse ressource, comme distraction pour les

nier ou le chien qui l'accompagne et lui sert d'auxiliaire. Enfin le *leurre* peut servir de rappel aux oiseaux de *bas vol* comme aux véritables faucons.

(1) M. de Haller, président de la *Société des chasseurs fauconniers de Russie*, est mort dans le cours de l'année 1888.

amis des plaisirs champêtres, dans un pays où la chasse se meurt et où nous prévoyons qu'avant dix ans il sera plus facile de se procurer un aileron de requin ou un nid d'hirondelles à la chinoise, qu'un rôti de mauviettes.

Sa Majesté Louis XV, qui avait d'autres goûts plus intimes, montra peu d'entraînement pour la fauconnerie. Cet art déclina peu à peu sous son règne, et l'on n'exerça bientôt plus que la basse volerie.

En 1745 cependant, un gentilhomme poitevin, Jacques-Elie Manceau, chevalier, seigneur de la Fraignée, la Renaudière (près Celles), et Boissoudan, écrivit un ouvrage de fauconnerie, dont le manuscrit, propriété de la Société des antiquaires de l'Ouest, a été imprimé en 1864, à la suite d'une édition de *la Vénerie* de du Fouilloux. L'auteur y exprime le chagrin que lui cause l'indifférence du plus grand nombre des gentilshommes de son temps pour le noble exercice de la chasse au vol. Il ne se doutait guère que, moins de cinquante ans plus tard, l'art qu'il prônait avec tant d'enthousiasme aurait presque complètement disparu.

Jacques de Saint-Marc, mon trisaïeul, ingénieur des ponts et chaussées du Poitou, en résidence à Melle, était en relations amicales avec M. de Boissoudan, et, de 1750 à 1765, époque de la mort de notre fauconnier, il eut souvent le plaisir de le voir chasser avec ses oiseaux, dans les magnifiques plaines qui entourent la Renaudière.

Sous Louis XVI, malgré l'existence d'un vol de service à la cour, la chasse au faucon n'en tombait pas moins en désuétude. Peu à peu, la noblesse l'abandonna pour la chasse au fusil.

Enfin, la Révolution et les guerres du premier Empire donnèrent le dernier coup à la fauconnerie.

Pendant que cet art disparaissait en France, il brillait d'un nouvel éclat en Angleterre, grâce à l'arrivée en ce pays de fauconniers hollandais dont quelques-uns avaient servi à la cour de nos anciens rois.

A partir de 1792, un de ces fauconniers, nommé Jean Daams, fit même chaque année le voyage d'Angleterre en

Hollande pour aller prendre des faucons *hagards* (1). Dans un de ces voyages il fut pour ainsi dire arrêté par le roi Louis II, qui le décida à rester à sa cour.

Plus tard, lors de l'abdication du roi de Hollande, ce même fauconnier vint à Versailles où se trouvaient quelques oiseaux de vol. Mais Napoléon, absorbé par d'autres soins, ne porta jamais grand intérêt à cet équipage (2).

Vers 1805, mon bisaïeul J.-J. Lazare de Saint-Marc, ancien procureur du roi, habitait le château de Sazay, près de Saint-Hilaire-la-Palud (Deux-Sèvres). Dans ce pays largement découvert qui avoisine le marais, ses fils aimaient à se livrer à la chasse, et notamment à celle du courre avec le lévrier, dont l'emploi n'était pas interdit à l'époque.

Ayant souvent entendu vanter devant eux par leurs parents les déduits du sire de Boissoudan, les enfants de Saint-Marc, et surtout mon grand-père Pierre-Philippe, demandèrent à leur père d'essayer la pratique de la chasse au vol.

Comme on ne savait rien leur refuser, on leur gagea un jeune aide fauconnier, élève de Jean Daams et de François Van den Heuvel, venu à cette époque de Hollande en France.

Et alors, ces jeunes enthousiastes purent fréquemment se livrer aux plaisirs de l'autourserie et de la fauconnerie, dans les grands espaces qui bordent les marais d'Arçais et de Saint-Hilaire. Une grave maladie, contractée par mon grand-père à ce sport, fut cause qu'oiseaux de chasse et fauconnier retournèrent, par ordre, à leur pays d'origine (3).

(1) Oiseaux sauvages, en livrée complète.

(2) En 1813, la fauconnerie de la cour fut supprimée, l'aigle réclamant trop de soins alors, pour que de simples faucons présentassent grand intérêt. Napoléon n'assista, en effet, que trois fois au vol de son équipage, à moins que l'on ne compte cette chasse à tir qu'il fit près de l'endroit où les fauconniers donnaient l'ébat à leurs oiseaux, et où il lui arriva d'abattre un des faucons qui vint à passer tout près de lui *volant d'amont*, et qu'il prit pour un oiseau sauvage.

(3) Messire Jean de Saint-Mards, chevalier, vicomte héréditaire haut justicier de Blosseville, en Normandie, seigneur d'Avremesnil, du fief Montmorency, etc., conseiller, chambellan et maître d'hôtel du roi Louis XI, maître des eaux et forêts de Normandie et Picardie (1471), capitaine de

En 1841, une Société fut fondée sous le patronage du roi
des Pays-Bas et sous la direction du baron de Tindal pour
voler le héron dans les campagnes voisines du château de
Loo. A partir de cette époque, la fauconnerie devint en Hollande aussi florissante qu'aux seizième et dix-septième siècles.
La Société du Loo réussit à prendre en douze ans, de 1841
à 1852, plus de 1 500 pièces de gibier, presque exclusivement
des hérons, qui avaient établi leur héronnière pour nicher
dans les grands arbres du parc royal; mais cette société fut
dissoute en 1853.

De nos jours, des tentatives ont été faites pour rétablir la
chasse au vol dans notre pays. Un Hawking-Club fut fondé en
1866 sous la présidence de M. le comte Alfred Werlé, de
Reims, avec le concours dévoué de M. P.-A. Pichot, directeur de la *Revue Britannique*, du vicomte de Champeaux-
Verneuil, du baron d'Aubilly, du vicomte G. de Grand'maison,
du comte Fernand de Montebello et de M. Julio-Alphonso
d'Aldama.

La réussite était venue couronner leurs persévérants efforts,
lorsqu'en 1868, des circonstances particulières provoquèrent
la dissolution de la Société de fauconnerie de Champagne et
forcèrent son excellent chef de vol, John Barr, à retourner en
Angleterre. Depuis lors, la fauconnerie fut de nouveau délaissée en France (1).

Caudebec, etc., était un grand chasseur et un parfait fauconnier. Il jouis-
sait d'un important droit de dîme ou *convive* sur l'abbaye de Fécamp. Par
suite de ce privilège, l'abbé et les religieux de ce monastère étaient obligés
de lui fournir, lorsqu'il lui plaisait de séjourner au couvent, *lieu honnête
pour lui, sa femme et ses enfants, tous officiers, serviteurs, prévôts, chevaux,
chiens et oiseaux.* Par ce droit, transmissible aux descendants de Jean
de Saint-Mards, les moines de Fécamp devaient, en outre, loger et nourrir
tout ce personnel, *monde et bêtes,* sans indemnité, soit à l'abbaye, soit en
la ville de Fécamp, pendant le temps qu'il plaisait auxdits vicomtes de
Blosseville d'en jouir et user comme veneurs ou fauconniers.

(1) Voir *la Fauconnerie ancienne et moderne*, par le docteur Chenu et
W.-O. des Mürs. — *Histoire de la chasse en France*, par le baron de Noir-
mont. — *La Fauconnerie au moyen âge et dans les temps modernes*, par
M. Magaud d'Aubusson. Paris, 1879.—*Les Oiseaux de sport*, par M. Pierre-

Vers 1880, quelques amateurs enthousiastes tentèrent à nouveau la résurrection de ce beau sport, et, lors de l'Exposition de Paris de 1889, on put admirer dans les vitrines affectées à *l'histoire de la chasse*, de curieuses collections d'ustensiles et accessoires usités anciennement et actuellement chez les différents peuples du monde, pour l'exercice de la fauconnerie.

Un comité, sous la présidence de M. Fauré Le Page, vient de se former dans le but de solliciter le concours des collectionneurs, pour organiser, à l'exposition prochaine de 1900, une section de fauconnerie (1). Cette section obtiendra, nous en sommes convaincu, le même succès que sa devancière, improvisée, on s'en souvient, en quelques jours seulement, en 1889.

Ce passe-temps charmant, qui peut si bien s'approprier à nos mœurs modernes, peut aussi être très simplement pratiqué et sans grand luxe. L'entretien d'un oiseau ou deux est en effet une dépense à la portée des bourses les plus modestes, et le dressage des oiseaux n'est pas d'une grande difficulté. Il est même très vite terminé lorsqu'on s'y adonne avec zèle, et cette chasse, si elle se répand, deviendra à elle seule une grande distraction pour la vie des champs. Tous les membres de la famille, sans exception, peuvent y prendre part, ce qui n'existe pour aucun autre sport. Le *bas vol*, la chasse avec l'autour surtout, se faisant à pied et sans beaucoup de fatigue, est un très agréable exercice pour tous, et notamment pour ceux qui ont renoncé à la chasse au chien d'arrêt et au cheval. Il n'en est pas de même pour le *haut vol*, qui est un grand sport; les jeunes et les vigoureux pourront y utiliser leur adresse et leur agilité.

Et maintenant, j'arrive à l'examen et à la discussion de la question posée; c'est là la partie essentielle de ma tâche, pour l'accomplissement de laquelle je réclame toute la bien-

Amédée Pichot, directeur de la *Revue Britannique.* Paris, 1875. Librairie du Jardin d'acclimatation.

(1) Comité de la classe 51 (*armes, chasse, expositions rétrospectives*).

veillante attention des lecteurs qui seraient étrangers aux questions de droit.

I

LE VOL EN TERRAIN CLOS.

L'article 1er de la loi du 3 mai 1844 établit en principe que nul ne pourra chasser si la chasse n'est ouverte et s'il ne lui a pas été délivré de permis par l'autorité compétente.

Dans sa circulaire du 8 mai 1844, M. le garde des sceaux, N. Martin du Nord, rappelle que cet article modifie l'ancienne législation, en ce qu'il exige, pour *tous les procédés et moyens de chasse*, le permis de l'autorité qui n'était exigé par le décret du 4 mai 1812 que pour la chasse au fusil.

Pour être fidèle à la pensée de la loi, il faut entendre le mot *chasse* dans le sens le plus général, et l'appliquer sans distinction, à la recherche, à la poursuite, de tout animal sauvage et de tout oiseau. C'est ainsi au surplus que ce mot a été entendu par la Cour de cassation même sous l'empire de la législation de 1790 et de 1812.

L'article 2 admet une exception à la règle établie par l'article 1er. Il autorise le propriétaire ou possesseur, à *chasser ou faire chasser en tout temps, dans ses possessions* attenantes à une habitation et entourées d'une clôture continue faisant obstacle à toute communication avec les héritages voisins.

Au point de vue de la question qui nous occupe, nous pouvons dès maintenant poser en principe *qu'en tout temps* et dans les conditions ci-dessus, *chez soi* ou *chez autrui avec son autorisation*, il est licite, avec ou sans permis, de chasser tout animal sauvage, *par tous moyens prévus* OU NON PRÉVUS par l'article 9 de la loi de 1844, mais non interdits par un règlement particulier (1).

Par voie de conséquence forcée, la *chasse au vol* avec

(1) L'usage d'engins prohibés est interdit même aux propriétaires qui chassent dans leur enclos attenant à leur habitation (Cass., 26 avril 1845, aff. Beau, D. *P.*, 45, 1, 269). Voir n° 103; Dalloz, mot CHASSE, t. VIII, p. 143.

faucons ou autours, non interdite comme ne s'exerçant pas au moyen d'engins prohibés, pourrait donc être mise en pratique, librement et sans conteste, sous cette condition de clôture, qui affranchit le fauconnier de toutes les entraves qui pourraient sembler résulter d'une fausse interprétation de l'article 9 de la loi (1).

Examinons maintenant si la *chasse au vol* peut s'exercer librement sous l'empire de l'application directe de la loi et dans les conditions ordinaires profitables à tout détenteur d'un permis, ce qui est le point intéressant de cette étude.

II

LA CHASSE AU VOL, COMME MOYEN DE POURSUITE DU GIBIER, DANS LES CONDITIONS ORDINAIRES.

Si la chasse, par tous moyens licites on non visés par l'autorité, est possible en tout temps sur une propriété close, il n'en est pas de même sur une terre ouverte, soit que vous agissiez comme propriétaire, soit que la poursuite du gibier s'y exerce avec le consentement de celui à qui le droit de chasse appartient.

Trois modes de chasse, en effet, sont seuls conférés et déclarés licites par l'article 9 : 1° la chasse à tir ; 2° la chasse à courre et celle à cor et à cri, selon les termes de la loi du 22 janvier 1874 ; 3° et l'emploi des furets et des lacets destinés à prendre les lapins.

« *Tous autres moyens*, ajoute le législateur, *sont formellement prohibés* : et dans cette prohibition générale se trouve évidemment compris l'emploi des panneaux et filets de toutes espèces, des appeaux, appelants et chanterelles, des lacets, collets et engins de toutes sortes, au moyen desquels la destruction du gibier s'opérait jadis si facilement, et dont l'ancienne législation n'avait pas défendu l'emploi (2) ». Ainsi

(1) N° 288, *idem*. La disposition de l'article 12, n° 3, n'est pas applicable, d'ailleurs, au propriétaire d'un enclos attenant à une habitation.

(2) Voir l'article 12 de la loi du 3 mai 1844.

s'exprimait M. le ministre T. Duchatel, dans sa circulaire du 20 mai 1844 ; et, fait digne de remarque, il n'est nullement question de l'exercice de la fauconnerie et de la *chasse au vol*, dans la longue énumération de ces prohibitions visées par l'homme d'État.

Avant de tirer argument de cette lacune, si c'en était une, non plus que du texte de Martin du Nord (dans sa circulaire du 8 mai 1844), examinons si, dans la *chasse au fusil*, l'oiseau de vol peut être employé sans contravention ; nous étudierons ensuite la *chasse au vol* proprement dite.

§ 1er. Emploi de la crécerelle comme moyen de rabat. La chasse au cerf-volant.

Afin d'établir ce droit, deux conditions sont nécessaires :

1° Il faut que le faucon puisse voler d'*amont* au-dessus du gibier et suivre le chasseur ;

2° Que l'oiseau serve de *rabat*, sans capturer l'animal de chasse.

Ici, quelques explications sont nécessaires.

Les faucons, une fois sur l'aile, partant de la main du chasseur, entreprennent immédiatement la proie qui fuit ; ou bien, *montent à l'essor*, c'est-à-dire volent d'*amont*, se soutenant en l'air contre le vent, en attendant le départ du gibier. Ils reviennent alors volontiers, surtout les petites espèces, à l'appel du fauconnier, quand ce dernier leur tend la main gantée en sifflant ; mais souvent, pour les amener à bas, on doit leur montrer le *leurre* qui sert à les reprendre après un vol infructueux. Aussi, pour ce motif, sont-ils appelés *oiseaux de leurre* (1), comme nous l'avons dit ci-dessus.

(1) Les *autours*, au contraire, reviennent de préférence au poing ou au *tiroir*, parce que, ne faisant en action de chasse qu'un effort de courte haleine, ils retournent tout de suite vers leur maître, en cas d'insuccès, ou se branchent assez près pour qu'on les reprenne en leur présentant le poing ganté sur lequel ils sont portés d'habitude. C'est pour cette raison qu'on les appelle *oiseaux de poing*. On les habitue cependant à bien prendre le leurre, ce qui peut être quelquefois d'une grande utilité. Le *tiroir* est un aileron frais ou sec de volaille.

La crécerelle, charmant petit oiseau de proie, très commune en tous pays, sociable, familière, extrêmement douce, très éducable, ne manifeste une fois privée que peu d'entrain pour chasser la proie libre ; aussi a-t-on renoncé à l'utiliser en fauconnerie pour la poursuite sérieuse du gibier qui n'a rien à craindre de ses entreprises. Elle n'est utile que pour disposer et préparer le jeune fauconnier au maniement délicat des oiseaux de vol.

Dans le langage vulgaire, on dit qu'elle fait le *Saint-Esprit*, lorsqu'elle plane en l'air, les ailes éployées et presque immobiles. Elle peut se *jeter amont* et s'habitue rapidement à suivre le chasseur. Aussi, il est facile d'utiliser ces seules aptitudes sérieuses, à la poursuite du gibier.

Dans ce but, on se fait accompagner par un aide qui tient l'oiseau sur le poing, et, lorsqu'on est près de la remise, le fauconnier lance la crécerelle qui prend son essor et suit en l'air en volant d'amont. Alors le chasseur au fusil peut s'avancer sans crainte, car la fascination opérée par la vue du faucon est telle, que le gibier, immobile de frayeur, se laisse approcher à bonne distance pour être utilement tiré. Tout cela est relativement facile, lorsque l'oiseau est habitué au bruit du fusil et au voisinage des chiens. La crécerelle, qui ne tue ni ne capture le gibier, remplit donc les deux conditions énoncées ci-dessus, et, n'intervenant dans le drame que comme moyen légitime de *rabat*, son emploi est absolument licite.

D'après l'article 9 de la loi de 1844, en effet, la prohibition de tous moyens de chasse autres que ceux formellement autorisés par la loi, ne concerne que les moyens de chasse complets, c'est-à-dire dont l'emploi suffit pour prendre le gibier, et non pas ceux qui, insuffisants par eux-mêmes à procurer ce résultat, ne peuvent être considérés que comme un accessoire plus ou moins efficace d'un mode de chasse particulier.

Ainsi, par exemple, la chasse avec des *traqueurs* est permise, la traque ou battue n'étant point un moyen direct de chasse, mais seulement un procédé particulier de chasse à tir. C'est ce que la Cour suprême a jugé avec raison en ces termes :

« Attendu que la loi du 3 mai 1844 n'admet que trois modes de chasse : la chasse à tir, la chasse à courre et les furets et bourses destinés à prendre le lapin ; que tous les autres moyens sont formellement prohibés, mais qu'on n'a droit de considérer comme *moyens de chasse* proprement dits que ceux dont l'emploi n'est qu'accessoire à un genre de chasse déterminé, et qui cependant aident le chasseur à atteindre le gibier ; qu'ainsi, quoique le législateur ne s'en soit pas formellement expliqué, il est hors de doute que, pour la chasse à tir, on peut s'aider de chiens d'arrêt ou chiens couchants, qui quêtent le gibier, le suivent à la piste, le débusquent de son gîte et le livrent aux coups du chasseur ; que l'office de *traquer* n'est pas d'une autre nature ; que relativement à ces procédés auxiliaires, insuffisants par eux-mêmes pour atteindre le but de la chasse, la *loi n'a excepté que l'usage des appeaux et chanterelles* ; qu'en jugeant que les traques et battues ne constituent pas un mode spécial et distinct de ceux que la loi a autorisés, l'arrêt attaqué (de la Cour de Dijon) n'a donc violé en rien les articles précités. » Rej. 29 nov. 1845, aff. De-martinécourt, D. P., 46, 1, 22 ; — Conf., Paris, 26 avril 1845, aff. Patris, D. P., 45, 2, 153 (1).

En Angleterre, quinze jours après l'ouverture, quand le gibier ne se laisse plus approcher, on fait parfois usage d'un cerf-volant (représentant en l'air, à s'y méprendre, un épervier) qu'on fait promener à travers champs par un gamin ; et profitant de la distraction et de la fascination des perdreaux, on peut plus facilement les tuer au chien d'arrêt (2).

D'après un article de M. Jean Manore, publié dans la *Petite Gironde* (5 mai 1898), la chasse à tir à l'aide du cerf-volant

______

(1) C'est pour la même raison que la chasse à tir avec l'aide d'un *miroir* n'est pas prohibée : le miroir, ne pouvant servir seul à prendre ou à tuer le gibier, n'est point un engin proprement dit ; on ne peut pas non plus l'assimiler, soit aux appeaux, appelants ou chanterelles prohibés par la loi, soit aux appâts dont l'emploi est pareillement interdit par l'article 12, n° 5 ; c'est un simple auxiliaire de la chasse à tir (Grenoble, 2 janvier 1845, aff. Grandperret, D. P., 45, 2, 42). Dalloz, R. J., t. VIII, p. 143.

(2) *Le Nemrod*, 1887, p. 42.

est d'importation récente chez nous. Aussi, sans nous arrêter à examiner la question de savoir si ce sport est pratique (renvoyant pour cela à l'article indiqué), nous nous bornerons à étudier ici si ledit *cerf-volant* peut être considéré comme *engin prohibé* ou tout au moins comme un moyen de chasse interdit.

A coup sûr et tout d'abord, on ne peut le considérer comme engin prohibé, puisqu'il n'a pas pour effet d'appréhender directement le gibier. (Cass., 26 avril 1845.)

Nous ne pensons point d'autre part que ce soit un *moyen de chasse interdit*.

Il est vrai que la question ne s'est pas encore posée d'une façon précise devant les tribunaux ; mais il est positif que l'usage de la chasse lui est favorable. Dans les Landes et les Pyrénées, en effet, la chasse aux palombes se pratique de la manière suivante : des guetteurs montent sur des postes élevés et lancent de là des engins qui simulent le vol de l'épervier. Jamais on n'a considéré ce mode de *rabat* comme illicite. Il est pratiqué ouvertement au vu et à la connaissance de tous.

D'après M. P. Beurdeley, avocat à la Cour de Paris, on peut invoquer en faveur de l'emploi d'un *épervier épouvantail*, la jurisprudence qui s'est prononcée nettement dans des espèces analogues. Il a été jugé, en effet, que l'emploi de *banderoles* placées par un chasseur, le matin ou la nuit, sur les limites de sa propriété pour retenir le gibier et l'empêcher de sortir, ne constitue ni l'engin prohibé, ni le moyen de chasse défendu. Ce sont seulement là des modes divers, mais légitimes de rabat. (Paris, 31 mars 1865, D. 66, 2, 81.)

C'est l'exercice du droit de propriété, de même que l'emploi de mannequins et autres épouvantails placés par le chasseur sur son terrain. (*Le Nemrod*, 1887, p. 43.) Cette solution, adoptée par la Cour de cassation, nous paraît s'imposer nécessairement à l'usage du cerf-volant comme moyen adjuvant de chasse.

Nous transcrivons ci-après quelques passages de l'article sur *la chasse au cerf-volant*, publiée par la *Petite Gironde* ; leur lecture nous conduira à conclure que l'emploi de la crécerelle, dans un but analogue, serait aussi licite, étant donné l'inaptitude de ce faucon à capturer la proie libre :

. . . .

La chasse à tir à l'aide du cerf-volant est de création et d'importation récentes ; et si, même, ceux qui en ont entendu parler sont demeurés très sceptiques, cela tient, eh partie, à un état d'âme que j'ai constaté récemment. Le pêcheur, disais-je un jour, plus encore que le chasseur, se garde bien de donner à ses rivaux le secret de sa réussite. Or, ceux qui se servent du cerf-volant parlent si peu, que les gazettes sont toujours muettes. Cependant, j'ai obtenu d'un de ces heureux Nemrods qu'en l'honneur d'une fille d'Ève — inutile d'ajouter : curieuse — il se départît de sa réserve et voulût bien m'autoriser à donner la primeur de ses confidences à *la Petite Gironde*.

Voici sa communication :

. . . .

« La chasse à tir à l'aide du cerf-volant a sa raison d'être ; elle est aussi productive que fort amusante.

« Vous savez qu'il arrive un moment, souvent en pleine saison, alors surtout que les couverts font défaut, où le gibier ne se laisse pas approcher et où la chasse devant soi ne donne plus de résultats.

« La chasse devient tout à fait lamentable lorsque, en fin de saison, la perdrix est restée en trop grande quantité et que les couvées peuvent être compromises par les batailles de coqs et une trop grande agitation au moment des accouplements et de la ponte. Dans certains pays même, on ne peut recourir à la destruction en battue, pour ne pas effrayer les lièvres qui, alors, passeraient chez le voisin.

« Cette situation cynégétique devait inspirer l'Anglais, toujours pratique, et l'obliger, le conduire à penser. C'est ce qu'il fit. Partant, sans doute, de cette donnée que, dans le Midi, pour pousser les vols de palombes vers les filets, on escompte la peur causée par l'oiseau de proie, vu de loin, et qu'on jette en l'air des éperviers ou milans factices, l'Anglais réfléchit. Et, songeant tout à coup à la possibilité d'opérer la fascination que cause au gibier l'oiseau de proie planant à une moins grande distance, il imagina une sorte de cerf-volant confectionné avec de la soie brune légère. Le résultat fut concluant dès la première expérience.

« Appréciez :

« L'oiseau brun est attaché à un long fil qui aboutit à une bobine que l'on dévide à volonté. Le chasseur et son homme marchent contre le vent. — Dame, il faut du vent et pas de pluie ! — L'oiseau factice monte en l'air et se tient comme tout cerf-volant bien conditionné. L'œil (un simple trou dans le taffetas) produit un effet étonnant.

« Quand le gibier se lève, on regarde la remise. Alors l'homme au cerf-volant se détache, fait un circuit pour dépasser et envelopper cette remise. Puis, une fois le gibier placé entre lui et le chasseur, il s'arrange de manière à amener le cerf-volant au-dessus du champ où se trouve le gibier, en maintenant l'épouvantail à une assez grande hauteur. Immédiatement, alors, le chasseur s'avance, et la fascination opérée par le cerf-volant est telle, qu'il faut souvent, pour ainsi dire, piétiner la compagnie de perdrix ou le lièvre pour les faire partir.

« Ne m'est-il pas arrivé, pour certaines compagnies, même d'être obligé de passer deux ou trois fois dans le même champ, avec mon chien, avant de parvenir à lever tous les oiseaux !

. . . .

« Jean Manore (1). »

La crécerelle, qui ne peut être employée utilement en fauconnerie, ne s'attaque aux petits oiseaux qu'au plus fort de l'hiver et pressée par la faim. Lorsqu'on la voit, au milieu de la plaine, faire le Saint-Esprit et que, subitement, elle paraît se laisser tomber sur sa proie, ne croyez pas que ce soit, comme on l'entend souvent dire, pour s'emparer d'une malheureuse alouette qu'elle était en train de fasciner ; bien au contraire, loin de détruire, elle rend un grand service à l'agriculture, en s'emparant des mulots, musaraignes, scarabées, grillons, criquets, etc. Pour ces motifs, elle devrait être rangée parmi les animaux utiles et rayée de la liste des nuisibles, où on lui assigne généralement une place qui ne lui appartient pas.

La chasse à tir avec la crécerelle comme *rabat* doit donc être permise au même titre que celle pratiquée avec le *cerf-volant-épervier*, attendu que ces deux modes particuliers ne sont point des moyens complets de chasse proprement dits et ne rentrent pas dans la catégorie des engins prohibés.

(1) *La Vie en plein air.* — *La Chasse au cerf-volant* (*Petite Gironde* du jeudi 5 mai 1898).

La crécerelle ne fait, en effet, qu'accompagner un mode de chasse autorisé, et n'a pour objet que de retenir le gibier dans un certain espace de terrain et de rendre la chasse plus fructueuse.

Le hobereau, très doux et d'un apprivoisement facile, est un excellent rameur tenant parfaitement *amont*. D'un moins grand courage que l'émerillon, il peut néanmoins remplacer la crécerelle comme rabat. Il est d'ailleurs précieux pour les commençants, par sa gentillesse et sa grande douceur (1).

§ 2. — La chasse au vol proprement dite.

Etudions maintenant si l'exercice de la fauconnerie, comme moyen de chasse dans les conditions ordinaires, est légal sous l'empire des articles 9 et suivants de la loi du 3 mai 1844 et par application de la loi du 22 janvier 1874.

Lorsque le législateur s'est occupé de réglementer le droit de chasse, il n'a pas eu l'intention formelle d'exclure la chasse au faucon. Mais comme, depuis longtemps, elle était tombée en désuétude et semblait avoir disparu avec l'ancien ordre de choses, on ne s'en est pas occupé et voilà tout. Si d'ailleurs on avait voulu interdire l'emploi des oiseaux de vol, une mention spéciale était nécessaire. Le silence de la loi à ce sujet et celui de tous les règlements administratifs qui ont suivi, équivalent donc à une autorisation tacite, d'autant que la pratique de la fauconnerie rentre, ainsi que nous allons le démontrer, dans la catégorie des modes énumérés par l'article 9 de la loi de 1844, et est conforme à l'esprit et au texte de la loi de 1874.

Nous ne voyons pas, du reste, ce que l'on pourrait invoquer pour interdire ce mode de chasse, car il est certainement

(1) Pour ce qui concerne la crécerelle et l'émerillon voir :

1º *Practical falconry ; to which is added : How I became a falconer*, by Gage Earle Freemann, M. A. London, published by Horace Cox, 1869 ;

2º *La Chasse au vol avec les petites espèces, notions pratiques de fauconnerie*, dédiées aux débutants. Niort, Favre, 1885 ;

3º *Précis de fauconnerie, contenant les indications nécessaires pour affaiter et gouverner les principaux oiseaux de vol, suivi de l'éducation du cormoran*, par M. G. Sourbets et C. de Saint-Marc, planches hors texte. Niort, imprimerie L. Clouzot, 1887.

moins meurtrier que la chasse au fusil. La seule objection que l'on pourrait faire, c'est que s'il se généralisait dans une certaine proportion, il favoriserait la conservation des aires d'oiseaux classés comme nuisibles et que les gardes ont la mission de détruire. Cette objection tient d'autant moins, que la loi et les arrêtés préfectoraux permettent aux propriétaires et aux chasseurs de se défaire en tout temps, de pourchasser et détruire les animaux classés comme nuisibles.

Pour en revenir à notre sujet et thème principal, il s'agit de savoir si la chasse à l'oiseau est permise ou si elle est défendue.

Nous pouvons dire sans hésiter : *la chasse à l'oiseau est permise ;* elle doit l'être.

Dans la loi du 3 mai 1844 sur la chasse, il n'est fait mention de la *volerie* dans aucun article, non seulement parce que ce sport ne peut tomber sous le coup de la loi interdisant les engins prohibés et être considéré comme moyen de destruction (bien au contraire), mais plutôt et surtout, parce que *le vol* ne peut être et n'est en réalité qu'une véritable chasse à *courre.* D'autre part, l'article unique de la loi de 1874, qui modifie les articles 3 et 9 de la loi de 1844, ordonne aux préfets de déterminer par des arrêtés, les époques des ouvertures et des clôtures des chasses, soit *à tir, à courre, à cor et à cri.* Il décide que, dans chaque département, le permis donne droit de chasser de jour, soit *à tir, à courre, à cor et à cri.*

Sans vouloir remonter aux lois sur la chasse de juin 1601 et juillet 1607, nous nous bornerons à signaler quelques articles extraits de l'ordonnance de Louis XIV. (*Des eaux et forêts,* août 1669.) Ces articles de la loi de 1669, loi qui nous a régi jusqu'à celle de 1844, serviront dans la suite à expliquer l'opinion que nous exprimons, et à prouver la parfaite légalité de la chasse au faucon, légale en 1669, légale après les lois de 1844 et 1874, et par conséquent légale en 1899.

Ordonnance de Louis XIV, *Des eaux et forêts*, aout 1669.
tit. xxx, *Des chasses*.

Article VIII. — Defendons à toutes personnes de prendre en nos forêts, garennes, buissons et plaines, aucunes aires d'oiseaux, de quelqu'espèce que ce soit, et en tous autres lieux, les œufs de cailles, perdrix et faisans, à peine de 100 livres pour la première fois, du double pour la seconde, et du fouet et bannissement à six lieues de la forêt pendant cinq ans pour la troisième.

Article XIV. — Permettons neanmoins à tous seigneurs, gentils-hommes et nobles, de chasser noblement, à force *de chiens et oiseaux*, dans leurs forêts, buissons, garennes et plaines, pourvu qu'ils soient éloignés d'une lieue de nos plaisirs, même aux chevreuils et bêtes noires, dans la distance de trois lieues.

Article XVIII. — Defendons à tous gentilshommes et autres, ayant droit de chasse, de chasser *à pied ou à cheval, avec chiens ou oiseaux*, sur terres ensemencées, depuis que le blé sera en tuyau, et dans les vignes depuis le premier jour de mai jusqu'à la dépouille, à peine de privation de leur droit de chasse, 500 livres d'amende, et de tous dépens, dommages et intérêts envers les propriétaires ou usufruitiers.

Les passages ci-dessus regardant la conservation des oiseaux et leur mode d'emploi, il convient de s'arrêter particulièrement sur les articles XIV et XVIII, pour démontrer que le *vol* doit être considéré comme pouvant être identifié à la chasse *à courre*, et à celle *à cor et à cri*, puisque, pour rappeler l'oiseau, on se sert de la voix, d'une corne ou d'un sifflet.

De même que pour la chasse à courre, en effet, vous avez le limier avec lequel on fait la plaine ou le bois, et pendant le courre, des relais maintenus par des piqueurs, de même vous avez, en *volerie*, un chien pour vous indiquer la bête de chasse, et l'oiseau ou les oiseaux de vol, maintenus par les jets, pour les laisser courre ou voler au bon moment (1).

La chasse à l'oiseau n'est donc autre chose qu'une chasse à courre qui change de milieu et se passe dans les airs.

(1) Voir *le Nemrod*, 1887, p. 213 à 216, article de M. G. Foye, *De la légalité de la fauconnerie en France.*

D'après l'ordonnance de 1669, nous voyons que *tout veneur était aussi voleur* (honni soit qui mal y pense !) ; et rappelons enfin que la chasse au faucon, comme la chasse à courre, s'exerçait à *cor* et à *cri* (moyen prévu et autorisé par la loi de 1874), tant pour le rappel des chiens que pour celui des oiseaux.

Les chiens jouaient un grand rôle dans la chasse au faucon. Il fallait des chiens de plaine pour faire lever la perdrix ; des chiens barbets ou autres pour nager dans les marais, rivières, étangs, pour faire partir les canards et les hérons ; des lévriers pour saisir la grue, le héron, lorsque les faucons les avaient forcés de descendre à terre. Tous ces chiens étaient dressés à chasser au milieu des chevaux, et surtout à ne jamais faire de mal aux faucons. Dans son ode sur la chasse, Jodelle (1) parle de la bonne intelligence qui régnait entre chiens et faucons :

> Je diroy qu'en ce vol il faut
> Des lévriers pour le héron prendre ;
> Et qu'à l'heure qu'il chet d'en haut,
> Les oiseaux que l'on a pu rendre
> Si sages, crainte aucune n'ont
> Des chiens ; et ces chiens qui se dressent
> Ainsi si bien, jamais ne blessent
> Les oiseaux qui communs leur sont.

C. de Morais, dans son ouvrage *le Véritable Fauconnier* (1683), conseille pour les chiens de ne les prendre *ni grands ni petits,* de les choisir *blancs et orangers, parce qu'ils se voyent de plus loin ; qu'ils soyent tous espagneuls et non pas braques, afin que le poil les conserve du froid en Hyver, et des mouches en Esté.*

Le chien, dit M. Cerfon, doit être l'ami de l'autour. Si c'est un chien d'arrêt qui ne courre pas le lapin, le dressage est chose facile, mais si c'est un pisteur à voix, genre cocker

(1) Voir Etienne Jodelle, sieur du Lymodin, auteur dramatique de l'école de Ronsard, né à Paris en 1532, mort en 1573, dans ses *Œuvres et Mélanges pratiques.*

par exemple, il faut une intimité très réelle entre le chien et l'autour ; et, lorsqu'elle existe, elle rend de très grands services, surtout pour les lièvres, car l'autour n'a plus peur des chiens, et il sent très bien qu'il chasse avec lui pour arrêter la proie qui se débat et cherche à se débarrasser de ses entraves (1).

La *vénerie* et la *fauconnerie*, quoique étant deux arts distincts par leurs moyens d'action, tendent au même but. Dans la *vénerie*, on force le loup, le sanglier, le cerf, le chevreuil, le renard et le lièvre, à l'aide de chiens ; en *fauconnerie*, on force le milan, la buse, le héron, l'oie sauvage, et comme quadrupèdes, le loup, le lièvre, le lapin, à l'aide d'oiseaux et de chiens. Les prescriptions légales, à l'époque où la *fauconnerie* était encore en honneur, ne distinguaient pas la *fauconnerie* de la *vénerie* ; l'une et l'autre étaient régies par les mêmes lois ; c'est ce qui résulte des articles XIV et XVIII précités (2).

Puisque la *chasse au vol* n'est qu'une *chasse à courre, à cor et à cri*, ce point se trouvant démontré, les fauconniers modernes pourront bénéficier de tous les avantages qui résultent des termes de la loi et des arrêtés d'ouverture et de fermeture de la chasse où, de même qu'en celui de 1885, l'on trouve cette phrase, reproduite d'ailleurs dans ceux qui l'ont suivi :

La chasse à courre, à cor et à cri, sans armes, ne sera close que le 31 mars.

(1) *De la basse volerie et du dressage pratique de l'autour et de l'épervier*, par C. Cerfon, avec 36 gravures, dont 18 hors texte. Vincennes, aux bureaux de *l'Éleveur*, rue de l'Hôtel-de-Ville, 1887.

(2) La création de la charge de grand fauconnier de France en est également une preuve ; le grand fauconnier de France n'était autrefois que qualifié de fauconnier ; c'est ainsi qu'on le trouve parmi les officiers de la couronne sous la seconde race. Ensuite, il fut connu sous le titre de *maître de la fauconnerie du roi*. Enfin, sous Charles VI, il prit le titre de *grand fauconnier.* Eustache de Gaucourt y est le premier qui prit la qualité de *grand fauconnier de France. Cette charge a été démembrée de celle de grand veneur.*

Reprenant la question à son origine, il est utile de rappeler ici que, d'après la loi du 3 mai 1844, *la chasse au vol*, qui est une *chasse à courre, à cor et à cri*, serait non plus seulement tolérée comme le prétendent quelques-uns, mais bien autorisée ; car nous lisons à l'article 9 de ladite loi :

Dans le temps où la chasse est ouverte, le permis donne, à celui qui l'a obtenu, le droit de chasser de jour, à tir et à *courre*, sur ses propres terres et sur les terres d'autrui, avec le consentement de celui à qui le droit de chasse appartient. Tous autres moyens de chasse, à l'exception des furets et des bourses destinées à prendre le lapin, sont formellement prohibés.

Néanmoins, afin de répondre à toutes les objections, disons qu'en se reportant à Dalloz, *J.-G.*, t. VIII, *Chasse*, n° 183, nous trouvons le passage suivant, à propos de l'élaboration de la loi de 1844 :

Quelques tentatives récentes ayant été faites pour faire revivre *l'art de la fauconnerie* si honoré autrefois, M. Delespaul a demandé s'il était dans la pensée des auteurs de la loi d'interdire la faculté de chasser soit au *faucon*, soit à l'*autour*, soit à l'*épervier*, soit enfin à l'un des oiseaux de proie dont on se servait dans les temps anciens pour la *chasse au vol*. M. le rapporteur a répondu que l'article 9 ne permet que de chasser de jour à tir et à courre.

D'après cela faudrait-il conclure que la chasse à l'oiseau se trouve prohibée ? Evidemment non, si l'on se réfère à ce que nous venons de dire au sujet de l'assimilation de la chasse au vol à la chasse à courre, et aussi pour les raisons suivantes :

1° Que la chasse au faucon ne se peut pratiquer que de jour et n'est pas aussi destructive que la chasse à tir ;

2° Que la loi a été mal interprétée par M. le rapporteur, qui ne se faisait pas une idée exacte de ce sport, puisque le *vol* n'est qu'une chasse à courre ;

3° Que l'opinion qu'a pu exprimer M. le rapporteur n'est pas un article de loi, mais seulement, comme le dit M. Foye, une interprétation et une fausse interprétation ; et qu'enfin, l'interprétation et les déductions présentées ici sont plus conformes *à l'équité, à la loi* et *à la justice*, que l'opinion formulée légèrement par M. le rapporteur : *errare humanum est* (1).

Cela est tellement vrai, en effet, que le législateur, dans les articles 11 et 12, a pris le soin d'interdire spécialement la chasse en temps de neige, l'emploi des lévriers, d'engins et instruments prohibés, des filets, dragues, appeaux, appelants, chanterelles, etc., sans spécifier la chasse au faucon.

Les circulaires ministérielles qui ont suivi n'ont jamais visé la fauconnerie comme moyen de chasse prohibé.

Si la loi eût voulu l'interdire, après l'observation de M. le rapporteur, lors de la rédaction de l'article 9, elle se fût très certainement exprimée à ce sujet dans les articles suivants. Son silence équivaut donc à une autorisation tacite et bien réelle ; d'autant, nous le répétons, que la chasse au vol, non visée ultérieurement, rentre dans le genre des chasses autorisées. Disons enfin que la loi de 1874 a décidé depuis en notre sens, puisque, ainsi que nous l'avons rappelé ci-dessus, à la chasse à *courre* elle a ajouté, comme moyen autorisé de poursuite du gibier, la chasse *à cor et à cri* qui se réfère absolument à la chasse au vol.

L'interdiction de la *volerie* ne se trouvant dans aucun texte de loi ni décisions ministérielles ou arrêtés, et ne pouvant causer aucun dommage, je conclus donc (par combinaison des lois de 1844 et 1874) au droit de *voler* avec le faucon, droit que nous donne aussi bien la *loi naturelle* que la *loi positive*.

Rappelons enfin (ainsi que nous le faisait très bien remarquer M. P.-A. Pichot) que lors de la discussion de la loi de 1844, devant la Chambre, la fauconnerie était à cette époque si complètement tombée dans l'oubli, que sa simple mention avait soulevé les éclats de rire de l'Assemblée, comme s'il avait été question d'un mode de chasse des temps préhistoriques.

On n'a donc jamais eu l'intention de la prohiber, pas plus que l'on n'aurait songé à interdire la chasse de quelque animal antédiluvien. Je suis persuadé que si l'on s'était reporté dès l'abord à cette discussion, aucun des auteurs qui ont laissé

(1) *Le Nemrod,* 1887, p. 214.

planer des doutes sur la légalité de la fauconnerie n'aurait pu conserver la moindre incertitude et hésitation, sur la façon dont il convenait d'interpréter l'esprit de la loi.

L'art du fauconnier étant de nos jours mieux apprécié, sorti de l'oubli et passé dans la pratique, il y avait un intérêt réel et immédiat à démontrer clairement que la chasse au vol étant un sport licite, peut être pratiquée au même titre que tous les autres genres de chasse autorisés par la loi. Nous pensons avoir atteint ici le but par nous poursuivi à ce sujet.

L'article 9, qui défendait de se servir de *lévriers*, laisse aux préfets le pouvoir d'autoriser par arrêtés leur usage, pour la destruction des animaux malfaisants et nuisibles.

Ainsi, un arrêté préfectoral qui peut corriger ce qu'il y a d'injuste et de trop rigoureux dans l'article de la loi, en ce qui concerne le *lévrier*, spécialement prohibé, suffirait évidemment pour permettre aux timorés de se persuader que cet acte de l'autorité appliqué à la fauconnerie, fait disparaître la tolérance pour la transformer en la consécration d'un droit.

Un préfet pourrait donc parfaitement, en rappelant les prescriptions de la loi, et en réglant l'exercice de la chasse chaque année, prendre les mesures nécessaires pour autoriser la chasse au faucon. Je ne doute point alors que cette autorisation, en faisant revivre un art depuis longtemps délaissé, ne puisse permettre à nombre d'individus de trouver un emploi, ce qui, pour le bien général, vaudrait mieux que de les laisser tendre la main ou braconner. La chasse au faucon n'étant point complètement revenue dans nos mœurs, il est bien à craindre que MM. les préfets négligent quelque temps encore de prendre les dispositions nécessaires pour en stimuler la pratique ; mais nous sommes persuadés néanmoins, que si les fauconniers ne sont pas jugés dignes d'un arrêté spécial, ils n'encourront jamais aucune poursuite effective, étant donné que l'exercice de leur art ne saurait tomber sous le coup de la loi, ainsi que nous venons de le démontrer.

La rigueur des premières dispositions de l'article 9 qui ne permettent pas d'autres chasses que celles à tir et à courre et celle qui a pour objet de prendre les lapins au moyen de furets et de bourses, est très atténuée, comme on peut le voir, par les dispositions subséquentes du même article et par la loi de 1874 qui enjoignent aux préfets dans certains cas, et leur permettent, dans d'autres, de prendre des arrêts pour régler le mode et l'époque de certaines espèces particulières de chasse !

Les arrêtés préfectoraux sur la chasse sont les mêmes dans presque tous nos départements ; il n'y a que quelques variantes dans certains départements du Midi, pour ce qui regarde la chasse des oiseaux de passage et leur prise, voire même aux filets ; aussi n'est-ce pas sur le texte lui-même que je veux insister, mais bien sur l'intention et la pensée qui en ont été la cause. Examinons maintenant, à titre d'exemple, comment est appliqué l'article 9 de la loi de 1844 et aussi la loi de 1874, dans la police de la chasse des Deux-Sèvres :

Arrêté préfectoral de juin 1844. — La loi s'exprime d'une manière qui ne permet pas la moindre équivoque. Trois modes de chasse sont aujourd'hui autorisés : 1° la chasse à tir ; 2° la chasse à courre ; 3° l'emploi des furets et bourses destinés à prendre les lapins. Tous autres modes de chasse sont formellement prohibés.

La prohibition prononcée par la loi s'étend évidemment à tous les moyens employés journellement et qu'on a voulu faire cesser dans l'intérêt de la conservation du gibier. Ainsi, l'emploi de filets de toute nature, celui des appeaux, des chanterelles, des lacets, collets, tirasses, geolles, glu et engins de toutes espèces, qui contribuent d'une manière si fatale à la destruction du gibier, est aboli ; celui des chiens lévriers l'est également. Ils ne sauraient être autorisés que par un arrêté spécial pris par moi.

Dans l'énumération qui précède, on voit qu'il n'est point question de proscrire la fauconnerie, puisque, non plus que dans les arrêtés qui suivent et ceux postérieurs à 1874, il n'est question de la chasse au vol comme moyen interdit ou engin prohibé.

Arrêté du 10 août 1897, art. 3. — Sont formellement interdits en tous temps et par tout procédé, même pendant le temps où la chasse est ouverte, *la destruction et la capture des petits oiseaux sédentaires* considérés comme insectivores et, généralement, de tous ceux qui n'ont pas été classés comme animaux nuisibles par l'arrêté préfectoral du 12 août 1895 (1).

Si la destruction des petits oiseaux est proscrite pour le chasseur par cet arrêté, il est fait exception cependant pour *l'alouette* dite *lulu*, qui, par l'article 4, « peut être *détruite sans permis de chasse, en tous temps, même en temps de neige*, à l'aide de la nappe et du lacet à un seul crin, à l'exclusion du fusil et de tous autres procédés de chasse. » (Voir arrêté préfectoral du 27 janvier 1877.)

Par application de l'article 6 de l'arrêté supplémentaire du 28 juillet 1898, la chasse de l'ortolan, de l'alouette, du bec-figue, du motteux ou cul-blanc, est autorisée dans les Deux-Sèvres.

Comme conclusion forcée, pendant que la chasse est ouverte, on a le droit de tuer, outre *l'alouette lulu*, le gibier ordinaire et les petits oiseaux désignés ci-dessus par tous moyens autorisés par l'article 9, y compris *avec le faucon*, dont l'emploi rentre dans la pratique de la chasse à courre, à cor et à cri, ainsi que nous l'avons démontré (2).

III

LA CHASSE DES OISEAUX DE PASSAGE ET DU GIBIER D'EAU.

On considère généralement comme *oiseaux de passage* : *l'alouette, le bec-figue, la bécasse, la caille, la grive, l'hirondelle, l'ortolan, l'outarde et le pigeon ramier* (voir Berriot, p. 93), et les oiseaux qualifiés gibier qui sont en même temps voyageurs. (Voir Dalloz, n° 188, R. J. t. VIII, art. *Chasse.*)

Ajoutons, avec MM. Gillon et Villepin (3), que, sous la dénomination de *gibier d'eau*, on doit comprendre : les *râles, courlis, vanneaux, pluviers, bécassines, hérons, cigognes,*

---

(1) Cet arrêté reproduit les dispositions du 4 juin 1885, mentionnées ci-après.

(2) Les arrêtés préfectoraux (Deux-Sèvres) des 12 août 1895 et 28 juillet 1898 autorisent, en temps de chasse, la chasse de l'alouette lulu. Voir aussi l'arrêté du 18 août 1899.

(3) *Nouveau Code des chasses.*

grues, poules d'eau, oies sauvages, canards, sarcelles, plon-geons, cygnes, macareux, mais non pas la bécasse qui doit être réputée oiseau de passage. (Dalloz, n⁰ 192, art. *Chasse*.)

La loi devait autoriser les préfets à fixer l'époque et le mode de chasse de ces oiseaux, car leur venue peut ne pas coïncider avec le temps où la chasse est ouverte et, d'un autre côté, ce n'est pas habituellement avec le fusil qu'on peut les chasser. Il est loisible aux préfets d'autoriser la chasse aux oiseaux de passage, avec *les instruments et les procédés usités dans le pays, même avec ceux dont l'usage est prohibé pour la chasse du gibier ordinaire.* (Voir circul. du 9 mai 1844, n° 10. — Dalloz, *Chasse*, n° 186.)

Bien entendu, ajoute M. Dalloz, que l'administration qui peut autoriser à chasser les oiseaux de passage par des pro-cédés exceptionnels, *n'a pas le droit d'interdire de chasser par des procédés autorisés par la loi,* c'est-à-dire au fusil et à courre (bien que la chasse à courre ne soit pas pratiquée ordinairement, pour le gibier à plume).

Comme ce dernier mode ne saurait être empêché et que la chasse au faucon, à cor et à cri, est une chasse à courre, il résulte que, si l'arrêté préfectoral ne vise pas spécialement le libre exercice de la chasse au vol, selon le vœu de la loi elle-même, elle peut être pratiquée sans contestation possible.

Les préfets, d'ailleurs, ne pourraient déroger par des ar-rêtés, aux règles générales qui interdisent de chasser sans permis (circul. du 20 mai 1844, n° 40), ou sur le terrain d'autrui, sans le consentement du propriétaire.

Nul doute que, comme le font observer MM. Gillon et Ville-pin, p. 173, si les instruments autorisés pour la chasse des oiseaux de passage procuraient la capture d'oiseaux du pays, il n'y aurait aucun délit. (Dalloz, *ibid.*, n° 187.)

Il résulte de ce qui précède, que la chasse des oiseaux de passage avec les faucons, autours et éperviers est licite, et que, de plus, les préfets, s'autorisant des dispositions de la loi et des circulaires sur la matière, pourront toujours, lorsque le vœu en sera exprimé, comprendre spécialement la chasse au vol dans les moyens à employer pour la poursuite du gibier.

Dans ses arrêtés réglementaires sur la chasse des 12 août 1895 et 28 juillet 1898, M. le préfet des Deux-Sèvres, visant les lois des 3 mai 1844 et 22 janvier 1874, et aussi l'article 90, § 9, de la loi du 5 avril 1884, a décidé :

Article premier. — La chasse des oiseaux de passage aura lieu dans le département des Deux-Sèvres, depuis l'ouverture jusqu'à la clôture de la chasse, au fusil seulement.

L'usage du miroir est néanmoins autorisé pour la chasse *au fusil de l'alouette dite* lulu. *Tous autres engins, tels que traîneaux, nappes, lacets, palettes, prassetières, etc., etc., sont formellement prohibés.*

Art. 2. — La chasse au gibier d'eau dans les marais, sur les fleuves, rivières et étangs, restera ouverte jusqu'au 31 mars.

Cette chasse est autorisée, soit en bateau, soit à pied sur les berges et francs-bords desdits marais, fleuves, rivières et étangs. Pendant la clôture ordinaire de la chasse, ou en temps de neige, les chasseurs ne devront s'écarter de plus de 20 mètres du bord de l'eau.

La chasse des halbrans est, en outre, autorisée, à partir du 13 juillet de chaque année, dans les marais non desséchés, sur les étangs et rivières, dans les conditions indiquées ci-dessus.

En édictant que la chasse des oiseaux de passage (et des oiseaux d'eau) n'aurait lieu qu'au fusil seulement, M. le préfet des Deux-Sèvres a omis de viser la *chasse à courre, à cor et à cri* comme moyen licite. Qu'il nous soit permis de faire observer à ce sujet qu'il y a là une dérogation au principe énoncé ci-dessus, en vertu duquel l'administration n'a pas le devoir d'interdire ou d'exclure les procédés autorisés par la loi.

Cette omission d'ailleurs, disons-le de suite, n'a pas l'importance qu'on pourrait lui prêter tout d'abord, car dans l'habitude ordinaire de la poursuite du gibier à plume, les oiseaux de passage ou oiseaux d'eau ne se chassent pas à courre. Il en est autrement pour le cas que nous étudions, puisque la chasse au vol est une véritable chasse à courre. Aussi revendiquons-nous le droit strict pour les fauconniers, qui est de chasser à courre les oiseaux qu'ils poursuivent.

De ce chef encore, nous sommes donc autorisé à dire que

la chasse au vol est licite pour les oiseaux de passage, le gibier d'eau et les halbrans.

Les préfets, d'ailleurs, ne sont autorisés qu'à régler *le temps* et non le *mode* de la chasse du gibier d'eau. Ils ne peuvent donc permettre de chasser ce gibier autrement qu'*à tir* ou *à courre* (avec le faucon), à moins, comme le font très bien observer MM. Gillon et Villepin, qu'il ne s'agisse d'un gibier d'eau, qui, comme la bécassine, soit en même temps oiseau de passage. (Dalloz, *Chasse*, n° 192.)

Nous remarquons enfin, de nouveau, que parmi les engins prohibés par les arrêtés de 1895, 1898 et 1899, ne figurent point les oiseaux usités en fauconnerie.

IV

LA CHASSE DES ANIMAUX MALFAISANTS OU NUISIBLES.

Les dispositions de l'article 9 précité et celles de la loi du 22 janvier 1874, relatives aux animaux malfaisants ou nuisibles, reconnaissent le droit qu'a le propriétaire, possesseur ou fermier, de détruire (ou faire détruire), en tout temps, sur ses terres, les animaux *malfaisants* ou *nuisibles ;* mais, de peur que ce droit ne servît de prétexte pour chasser en toutes saisons, la loi veut :

1° Qu'on ne puisse réputer malfaisants ou nuisibles que les animaux reconnus comme tels par l'arrêté du préfet ;

2· Que l'on ne puisse procéder à leur destruction qu'en employant les moyens, en remplissant les conditions, également ment déterminés par cet arrêté. (Dalloz, *Chasse*, n° 193.)

Quant aux bêtes fauves, dès qu'elles portent dommage à une propriété, le propriétaire ou fermier a le droit de les tuer de quelque manière que ce soit.

Qu'il me soit permis de citer l'arrêté préfectoral d'ouverture de la chasse dans les Deux-Sèvres du 4 juin 1885, où se trouvent mentionnés les animaux nuisibles que le propriétaire peut détruire ou faire détruire par *tous moyens, à l'exception du lacet et du fusil.* Cet arrêté confirme le droit que nous invoquons.

Arrêté préfectoral du 4 juin 1885. — Les animaux nuisibles ou malfaisants que le propriétaire, possesseur ou fermier, peut détruire en tout temps, sur ses terres, par lui-même ou par les agents autorisés sont : 1° les loups, renards, sangliers, biches, cerfs, chats sauvages, putois, fouines, les loutres et les lapins ; 2° le hobereau, l'émerillon, la crécerelle, l'épervier, la buse commune, le buzard des marais, la pie grièche, le corbeau noir, la corneille noire et la corneille mantelée, la pie, le pigeon ramier et le plongeon. Les animaux ci-dessus désignés pourront être détruits à toute époque de l'année, à l'aide de pièges, et *par tous autres moyens*, à l'exception du lacet et du fusil, sans préjudice du droit appartenant au propriétaire ou fermier de détruire, même avec des armes à feu et sans permis, les bêtes fauves qui porteront dommage à ses récoltes.

De l'arrêté précédent, il résulte, sans aucun doute et nécessairement, que la *volerie*, par l'emploi des faucons et autours, est autorisée et licite pour la destruction des animaux ci-dessus désignés.

L'arrêté réglementaire du 12 août 1895 reproduit les dispositions de l'arrêté du 4 juin 1885 en ce qui concerne la poursuite des animaux malfaisants ou nuisibles, et autorise de plus la destruction des lapins en temps prohibé, au moyen du fusil, sous la condition, pour les propriétaires et fermiers, d'obtenir, pour ce, l'autorisation préfectorale.

L'arrêté du 28 juillet 1898 et celui du 18 août 1899 autorisent à nouveau, pour le porteur d'un permis, la destruction des animaux malfaisants et nuisibles à toute époque de l'année, à l'aide de pièges et par *tous autres moyens*, à l'exception du lacet et du fusil (après la fermeture de la chasse). En ce qui concerne le lapin, même exception favorable pour l'emploi du fusil, avec autorisation en temps utile.

Par arrêté du 27 janvier 1877, l'alouette, dans les Deux-Sèvres, a été déclarée animal nuisible. L'arrêté du 28 décembre 1898, maintenant les dispositions de celui de 1877, relatives à la chasse de l'*alouette lulu*, autorise sa destruction sans permis de chasse, en tout temps, même en temps de neige, à l'aide de la nappe et du lacet à un seul crin, à l'exception du fusil et de tous autres procédés de chasse.

Par voie de conséquence, l'alouette, animal nuisible, peut être, ainsi que nous l'avons dit déjà, comme les autres animaux de cette catégorie, chassée par le détenteur d'un permis, au moyen d'un fusil et *par tous autres procédés*, y compris l'emploi du faucon, au moins pendant que la chasse est ouverte.

V

CONCLUSION.

Il résulte de ce qui précède que la chasse des *animaux nuisibles*, avec ou sans permis, en temps de chasse ou en temps prohibé, est licite *par tous moyens*, y compris l'usage des faucons et autours, selon les conditions établies par les arrêtés en vigueur.

Ne pourrait-on user de l'oiseau de vol que pour la poursuite des animaux *désignés comme nuisibles*, la marge, pour le plaisir du fauconnier et de l'autoursier, serait déjà fort belle.

Sans parler, en effet, de la chasse au pigeon ramier et au plongeon, celle de la pie est fort intéressante et très curieuse, car il y a toujours combat très vif, ou plutôt assaut de ruses, entre les adversaires ; la pie même échappe quelquefois à son persécuteur, qu'il s'agisse du faucon, de l'autour ou de l'épervier. L'alouette se capturera facilement avec le hobereau, l'émerillon et l'épervier.

Quant à la chasse du lapin avec l'autour, accompagné ou non du furet, c'est le plus délirant des sports où excellent de nos jours : MM. Ed. Barrachin, Alfred Belvallette (1), le docteur Arbel, Cerfon, Gervais, qui sont, avec M. G. Sourbets, les représentants les plus autorisés de la fauconnerie française.

En résumé, la poursuite des animaux nuisibles avec le faucon, la chasse au vol pour tout gibier n'étant qu'une chasse à *courre*, à *cor* et à *cri*, rentre dans le cadre des moyens autorisés par les lois de 1844 et de 1874, attendu, ainsi que nous l'avons indiqué d'autre part, que le faucon ne peut être

(1) Auteur de : *Traité d'autourserie*, avec dessins d'Ernest Orange. Paris, Pairault, 1887.

assimilé à un engin prohibé et n'a jamais été considéré et visé comme tel par les lois et règlements en vigueur.

Les engins prohibés sont ceux susceptibles d'opérer par eux-mêmes la capture du gibier et d'en assurer la possession immédiate et matérielle à celui qui en fait usage. (Cass., 18 décembre 1866 ; *Gaz. pal.* 1887, 1, 87 ; Trib. cor. Valence, 26 septembre 1884 ; *Gaz. pal.* 1884, 2, 546.) — Les animaux pris de cette manière n'ont aucun moyen de salut, et ils ne peuvent les éviter par la feinte ou la fuite.

Il n'en est pas de même avec l'emploi du faucon qui, ainsi que nous l'avons déjà dit, n'est, comme le chien, qu'un aide pour le chasseur.

L'habileté de ce dernier à dresser son oiseau et à profiter de ses prises est la seule garantie et condition de son succès, toujours mis en suspens par la fierté et la sauvagerie de son élève, dompté il est vrai, mais jamais asservi.

Le but de la loi étant d'interdire certains modes de chasse pour la conservation du gibier, elle n'a pu viser dans ses articles, ni la fauconnerie, ni l'autourserie. Tout chasseur muni d'un permis pourra donc pratiquer sans crainte ces deux arts et ne point appréhender d'être inquiété dans l'exercice de ce qui est véritablement un droit. *La haute et la basse volerie* sont loin, en effet, d'être des modes de destruction et contribueraient plutôt à la conservation du gibier.

Dans la chasse au faucon, on recherche surtout l'agrément d'un beau vol et non le plaisir d'une tuerie sans trêve, que peut procurer seul le fusil, avec l'abondance du gibier.

Dans un article du numéro XXXIII d'un journal de sport du 15 août 1889 (1), nous lisons que le capitaine Biddulphe, officier de l'armée anglaise aux Indes, pratiquait souvent, de même que tous ses camarades, la fauconnerie, dans ce pays des chasses émouvantes, où l'on voit des tigres du Bengale figurer dans les battues, et où le guépard remplace en certaines circonstances le chien d'arrêt. Le capitaine a possédé de bons et excellents faucons, tel le *shaheen* (pèlerin indien),

(1) *Le Chenil et le Poulailler* (*la Fauconnerie à l'Exposition universelle,* 15 août 1889, n° 33).

Bifli, avec lequel il a pris en une saison 73 canards sauvages, des pies, des francolins et de plus petits oiseaux, en quantités innombrables ; tel encore le *cherrug* (sacre indien), avec lequel il a pu renouveler les exploits de la vieille fauconnerie sur les milans.

Dans son *Manuel pratique du fauconnier* (1), M. G. Foye nous apprend qu'au nombre de ses oiseaux, *Junon*, un autour formé à sa troisième mue en 1886, avait fait prise, en 1884, de : 322 lapins, 3 lièvres, 2 pies ; en 1885 de : 280 lapins, 2 levrauts, 11 perdreaux, 4 pies, 3 écureuils.

Le 20 juin 1893, un entrefilet du *Petit Journal*, après avoir cité les fauconneries d'Evreux, de Boulogne et de Meaux, mentionnait comme modèle du genre l'établissement de *Fauconnerie de Beauchamp*, à M. Ed. Barrachin, où les autours donnaient de merveilleux résultats.

« Le chien, le cheval, le faucon, voilà les trois principaux alliés, qui, dès la plus haute antiquité, ont permis à l'homme d'assurer sa domination sur les animaux du globe (2). »

Après avoir sifflé le chien et appelé le cheval pour l'aider dans sa lutte contre les animaux, pourquoi, depuis la vulgarisation des armes à feu, le chasseur a-t-il dédaigné l'emploi du faucon ?

En utilisant la vitesse du cheval et le flair du chien, l'homme a créé la vénerie, qui, nulle part, n'a atteint une plus grande perfection qu'en France, où elle tient encore une place si importante dans les rouages de la société civilisée.

Là où 300 équipages occupent un personnel de 700 personnes, 1 200 chevaux, 7 000 chiens pour prendre environ 7 000 animaux par an, il y a certainement place pour quelques faucons, autours, éperviers et émerillons.

Puisque la *chasse au vol*, à pied ou à cheval, est un mode particulier de chasse à courre, sa pratique effective ne pourra renaître et se répandre que si chasseurs et veneurs s'enten-

(1) *Manuel pratique du fauconnier au dix-neuvième siècle*, par G. Foye, illustré par Albert Bettannier. Paris, Pairault, 1886.

(2) *La Lutte de l'homme contre les animaux*, conférence par M. P.-A. Pichot (1891).

dent sincèrement pour accepter l'oiseau de vol comme auxiliaire de leurs plaisirs.

Comprenant tout le parti que l'on pouvait tirer de l'union de la vénerie et de la fauconnerie, inséparables autrefois, M. Constantin P. de Haller, fonda en 1884, sous le patronage de S. A. le prince Alexandre d'Oldembourg, *la Société des chasseurs fauconniers de Saint-Pétersbourg*, ayant pour but spécial la propagande et le soutien de la chasse au vol, et aussi le rapprochement et l'alliance des chasseurs et amateurs d'oiseaux en général en vue de la diffusion des connaissances utiles et scientifiques, relatives à tout ce qui concerne l'art de la fauconnerie.

Le 5 juillet 1887, *le Nemrod* publiait une lettre de M. de Haller annonçant, pour la mi-septembre, un grand concours avec épreuves pour faucons, chiens de toutes espèces, chevaux, équipages, fusils, armurerie et objets de chasse divers. Des prix d'importante valeur furent attribués aux amateurs, fauconniers et chasseurs, victorieux dans ces joutes cynégétiques.

En 1888, mon père ayant exprimé à M. de Haller le désir d'organiser en France, avec l'aide de quelques amis, une société de fauconnerie, dans le genre de celle de Russie ou du Old Hawking Club d'Angleterre, son correspondant l'engagea, pour assurer la réussite de ce projet, de tenter la formation d'une *Association de fauconnerie internationale*. Etant donné le nombre restreint des fauconniers dans chacun des pays de l'Europe où la chasse au vol se pratique, c'était pour M. de Haller un sûr moyen en augmentant ainsi le nombre des adhérents à la société en projet, de lui donner une importance suffisante pour lui permettre d'arriver à un bon résultat. Il offrait de mettre au service de cette idée toutes ses connaissances, ainsi que son influence en Russie. Il ajoutait enfin qu'en cas de réalisation de ce programme, il serait bon d'organiser des clubs spéciaux pour chaque pays, des chasses et expositions périodiques, enfin de faire le nécessaire pour faciliter l'achat des oiseaux de vol et l'engagement des professionnels et gens de services utiles.

Ce projet, qui fut momentanément abandonné par suite de

la mort du président des chasseurs fauconniers de Russie, n'exige, pour être repris et mis à exécution, que le concours des bonnes volontés et l'aide effective des amateurs éclairés du sport élégant dont nous déplorons l'abandon.

Pour atteindre ce but, c'est à ceux qui considèrent comme un devoir de conserver les traces et garder le souvenir des arts du passé, que nous adressons la pressante requête de tenter, par une association sérieuse, soit française, comme celle de Champagne en 1866, soit internationale, le relèvement prochain de la fauconnerie. A Mme la duchesse d'Uzès, à Mme Guimet, ces chasseresses intrépides et généreuses, à M. de La Besge, le doyen des veneurs poitevins, à tous les veneurs dignes de ce nom par leur science et leur ardeur, aux amis et praticiens de la chasse au vol, nous demandons le secours de leur influence et l'aide de leurs conseils.

Par leur adhésion à notre projet et leur bonne volonté, notre rêve d'union passerait bientôt de la théorie dans la pratique, et le programme de M. de Haller pourrait promptement se réaliser.

Il serait alors possible d'organiser des équipages de vol susceptibles de déplacements rapides en diverses contrées, et des concours de toutes sortes, favorables à la renaissance d'un sport qui ne demande, pour se répandre, qu'à être mieux connu.

La science du fauconnier et la valeur de ses élèves pourraient ainsi être justement appréciées et servir d'émulation pour recruter et former de nouveaux adeptes à l'art du vol.

Dans de tels tournois d'adresse, l'attrait du plaisir serait considérablement accru par la difficulté vaincue et l'entraînement que comporte un spectacle aussi émouvant que peu banal.

Pourquoi donc, ceux que la fortune a comblé de ses dons, de même qu'ils entretiennent des équipages de chevaux et de chiens, ne donneraient-ils pas l'exemple à suivre, en entretenant des équipages de vol, ou tout au moins en apportant leur concours à la réussite d'une association destinée à faciliter leur formation ?

Nous espérons que cet appel sera enfin entendu, et que, pour la réalisation de notre vœu, les membres de la haute société parisienne, qui composent le comité de la section de fauconnerie pour l'Exposition de 1900, s'associeront au projet dont nous venons d'exposer les bases, afin d'en assurer l'accomplissement par leur utile concours.

Après avoir démontré ici la légalité de la chasse au vol, je renvoie mes lecteurs au numéro du 18 février dernier, du journal *la Vie au grand air*, où M. Paul Mégnin a publié un fort intéressant article sur la fauconnerie et l'autourserie ; de nombreuses illustrations reproduisant des scènes de chasse au vol, nous donnent la note exacte et prise sur le vif de ce qu'est de nos jours ce superbe sport.

Nous citerons aussi les excellents articles illustrés de photogravures de M. Paul Geruzez dans *le Sport universel illustré*, où il est rendu compte des vols du docteur Arbel et plus récemment du concours de fauconnerie qui vient d'avoir lieu à Spa.

Plein de foi en l'avenir de la fauconnerie, puisque aucune crainte chimérique, au point de vue du droit, ne peut entraver son essor, nous espérons que la lecture de cette étude plaidera près des vrais chasseurs, en faveur d'une renaissance que le goût éclairé de notre époque impose.

La Fauconnerie

A

L'EXPOSITION DE 1900

Le Comité de la Classe 51 (armes, chasse, exposition rétrospective) sollicite le concours des amateurs pour organiser à l'Exposition universelle une *section de fauconnerie*. En 1889, cette section avait été improvisée rapidement en quelques jours grâce à l'obligeance de plusieurs collectionneurs et, pourtant, cette improvisation avait eu un grand succès. Cette fois, le Comité s'y prend d'avance et espère arriver à un résultat plus important si toutes les personnes qui ont conservé des souvenirs du bel art de la fauconnerie, dont quelques rares amateurs suivent encore de nos jours la tradition, veulent bien lui venir en aide.

Certains accessoires tels que les chaperons des oiseaux, les gants, sacs et uniformes des hommes de volerie, doivent être rares, car ils étaient faits de matières qui n'ont guère dû résister aux ravages du temps et qu'on ne songeait pas à conserver à une époque où ils n'avaient pas un intérêt historique, mais n'existe-t-il pas encore des tableaux de chasses au vol comme celui du musée d'Orléans par *Deruet* qui représente *Anne d'Autriche et les dames de sa cour* portant toutes un oiseau sur le poing? Ne pourrait-on pas retrouver des tapisseries comme celle que M. Ambroise Tardieu a signalée dans son *Auvergne illustrée: Louis de*

Roger-Beaufort et Jeanne de Norry sa femme dressant un faucon? Des portraits de fauconniers célèbres ont dû être conservés dans quelques familles ou quelques musées, tels *Robert Cheseman*, le fauconnier de Henri VIII, par Holbein, un des joyaux du musée de la Haye, et le *colonel Thornton*, ce grand sportsman anglais, si fort épris de la France où il vint s'établir au commencement du siècle et qui se trouve aux Durdans, la résidence de lord Rosebery, près d'Epsom? Beaucoup d'objets d'art ont dû être inspirés par la fauconnerie aux temps de sa splendeur; nous retrouvons ses emblèmes et ses oiseaux jusque sur des médailles et monnaies comme les *jetons des galères* ou *de la marine* de 1715 à 1747.

Ce sont tous ces objets intéressants et aujourd'hui dispersés qu'il s'agirait de réunir momentanément à l'occasion de l'Exposition universelle de 1900. Ce qui ne serait pas transportable, ou ce que l'on ne pourrait pas confier à la Commission pour un motif ou un autre, pourrait au moins figurer à l'Exposition sous forme de photographies.

Les collectionneurs qui voudraient bien prêter leur concours effectif ou fournir des renseignements utilisables au Comité de la CLASSE 51 sont instamment priés d'entrer en rapports avec le Président du Comité M. Fauré Le Page, 8, rue de Richelieu, ou M. Pierre-Amédée Pichot, directeur de la *Revue Britannique*, chargé de centraliser tout ce qui a trait à la section de fauconnerie, 74, rue de la Victoire, Paris.

PARIS. — TYPOGRAPHIE A. HENNUYER, RUE DARCET, 7.

75ᵉ année. — Nᵒ 10   Octobre 1899.

REVUE
BRITANNIQUE

REVUE INTERNATIONALE

SOUS LA DIRECTION DE M. PIERRE-AMÉDÉE PICHOT

SOMMAIRE

PARIS : BUREAUX DE LA REVUE BRITANNIQUE, 71, RUE DE LA VICTOIRE.

BRUXELLES : LEBEGUE ET Cⁱᵉ. — **ROTTERDAM** : KRAMERS ET FILS.